EXCUSES À LA CON

François Jouffa & Frédéric Pouhier

FIRST Editions

ISBN : 978-2-7540-5931-2
Dépôt légal : août 2014
Imprimé en Italie

Avec la collaboration de Susie Jouffa

Mise en page et couverture : Olivier Frenot

Éditions First, un département d'Édi8
12, avenue d'Italie
75013 Paris – France
Tél. : 01 44 16 09 00
Fax : 01 44 16 09 01
E-mail : firstinfo@efirst.com

Site internet : www.editionsfirst.fr

Amis lecteurs et lectrices, vous tenez dans vos jolies petites mains un outil unique au monde, un outil qui vous permettra d'avoir une excuse pour tout ! Il vous évitera bien des tracas quotidiens : vous pourrez échapper à une soirée rébarbative, ne pas tomber dans l'ennui d'une relation monogame, ne plus faire de tâches ménagères, travailler moins pour gagner autant... Grâce à ce petit livre, vous n'aurez plus d'excuses pour ne plus en avoir.

F. P.

Excuses à la con pour tromper sa femme

Je ne voulais pas te tromper, ma chérie, c'était juste un hommage à DSK.

Si je suis allé dormir dans le lit de ta copine, c'est parce que je suis somnambule.

Je compte me lancer dans la politique, et c'est très mal vu de ne pas avoir de maîtresse.

Je voulais juste m'entraîner pour devenir un meilleur amant et te donner plus de plaisir. On dit merci qui ?

Je ne peux pas coucher
avec la mère de mes
enfants, ce serait presque
de l'inceste.

C'est parce que
je ne veux pas t'user
que je me sers
d'autres femmes.

Excuses à la con pour ne pas aller au travail

Je ne peux plus sortir
de chez moi,
j'ai perdu mes clés.

Je dois rester à la maison,
mon poisson rouge
s'est cassé une patte.

Je suis allergique
à la tête de mon chef !

Je suis pour
le télétravail,
j'aime travailler
devant la télé.

Ma grand-mère
est décédée pour
la deuxième fois
ce mois-ci.

J'ai une prescription
médicale qui m'interdit
les lieux sans fumée
de cigarette.

Ma femme est enceinte
de neuf mois.

Mon iPhone n'a que
32 % de batterie.

Excuses à la con pour justifier ses retards

Il fallait que je grave un CD pour mon autoradio.

Godzilla a attaqué ma rame de métro.

Un espion russe a versé un somnifère dans mon verre, du coup je ne me suis pas réveillé.

Mon chat voulait un câlin.

J’ai été enlevé par
des extraterrestres,
ils m’ont mis
une sonde dans l’anus.

J’étais persuadé qu’on
avait changé d’heure,
ce lundi matin.

Je suis en retard
parce que j'ai
raté l'ascenseur.

Je remplissais ma salière
par les petits trous,
ça prend du temps.

J'étais à l'enterrement
de ma belle-mère : c'était
interminable, elle ne
se laissait pas faire.

J'ai raté mon train,
il était à l'heure.

Excuses à la con pour décommander une soirée

Désolée, mais
samedi prochain,
je serai malade.

Je ne peux pas venir, car,
chez vous, je m'emmerde
profondément.

Je préfère remplir
ma déclaration
de revenus que passer
cinq minutes avec vous !

Je ne peux pas venir
ce soir, j'ai les dents
qui poussent.

D'habitude, j'adore
m'embêter avec vous,
mais mon chat déprime
quand il est seul.

Excuses à la con pour insulter son chef

Vous m'aviez dit que vous appréciez l'honnêteté !

Connard ! Je suis atteint,
petite bite !
du syndrome, *merde* !
Gilles de La Tourette.

« Trou-du-cul » n'est pas
une insulte, chef,
ça veut dire « bonjour »
en japonais.

Lorsque je deviendrai
chef à votre place,
je vous autoriserai
à m'insulter.
On est quitte ?

Je pensais que vous
étiez aussi sourd
qu'incompétent.

Excuses à la con pour ne pas payer la note au restaurant

Je n'ai pas le droit de vous le dire, mais sachez que je suis inspecteur au Guide Michelin.

Il y avait une mouche dans mon potage, mais je l'ai mangée.

Chérie, toi qui es féministe, je ne te ferai pas l'injure de payer ta part.

La note est trop salée et les plats ne l'étaient pas assez.

C'était encore plus mauvais que la cuisine de ma femme.

Excuses à la con pour ne pas sortir le chien

Est-ce que le chien
me sort quand je veux
aller aux toilettes ?

Il ne veut pas sortir,
il gratte la porte parce
qu'il la trouve jolie.

Le chien va courir après
toutes les chiennes
du quartier, alors que toi,
tu me l'interdis.

Le chien préfère quand
c'est toi qui le sors.

Excuses à la con pour ne pas avoir d'enfants

Je refuse de partager
ma console de jeux.

Je ne veux pas prendre
le risque que notre enfant
ait tes gènes.

Tu veux vraiment faire naître un enfant dans un monde où il y a des guerres, des famines, des catastrophes naturelles et un président de la République socialiste ?

Tous les parents
n'ont pas la chance
de Marie et Joseph :
trouver une place en
crèche dès la naissance !

Tes parents ont
eu un enfant,
et ils le regrettent
chaque jour !

Excuses à la con pour acheter une voiture neuve

L'allume-cigare de notre voiture fonctionne mal.

Comment veux-tu que je trouve une maîtresse en roulant dans une voiture d'occasion ?

Mon horoscope indique
que je vais faire
une bonne affaire.

Tu t'es acheté un pull,
je peux bien m'acheter
une voiture !

J'ai déjà une femme
d'occasion, laisse-moi
au moins avoir
une voiture neuve !

Excuses à la con pour ne pas rendre un devoir à l'école

Mon grand frère s'est servi de mon devoir pour rouler ses joints.

Mon devoir était tellement bon que j'ai eu peur de vous donner des complexes en vous le faisant corriger.

Ne voyez pas là
une feuille blanche,
mais plutôt une
évocation poétique
de la neige recouvrant
un paysage.

Je ne parlerai
qu'en présence
de mon avocat.

J'ai cherché sur Wikipédia, il n'y avait pas la réponse.

Excuses à la con pour ne pas prendre le métro

Si un contrôleur me
demande de lui montrer
mon ticket de métro,
je ne suis pas épilée.

J'ai une crise de
claustrophobie… c'est
moi, ou les murs de la
station se rapprochent ?

Je pensais qu'ils étaient
en grève depuis 1999.

Je préfère prendre
un taxi, les chauffeurs
parisiens sont
si sympathiques.

Je ne suis pas à jour
dans mes vaccinations.

Excuses à la con pour ne pas voter

J'ai déjà voté lors
de la Star Academy.

J'irai voter pour
les politiques le jour
où les politiques iront
voter pour moi.

Chaque fois, on me
demande d'aider pour
le dépouillement.

Le dimanche, je dors
jusqu'à 18 heures.

Je n'aime pas être seul
dans l'isoloir.

Je n'ai rien à me mettre
et les boutiques sont
fermées le dimanche.

Excuses à la con pour rester célibataire

Le seul homme qui soit
à mes pieds,
c'est mon pédicure.

Ce n'est pas parce que
j'ai soif d'amour que
je vais me jeter sur
la première gourde venue.

Je me réserve au cas
où Angelina Jolie
m'appellerait pour
un rendez-vous.

Pas besoin de
femme quand on a
un micro-ondes
et Youporn.

Excuses à la con pour demander une augmentation

Je ne suis pas comme Jésus, je ne travaille pas pour des clous !

J'ai des photos compromettantes de vous et de votre maîtresse.

Je ne suis pas le plus
efficace des employés,
mais je connais de
bonnes histoires drôles.

Augmentez-moi de
500 euros et je vous
en reverse 10 %.

Je rêve de payer
plus d'impôts !

Excuses à la con pour ne pas avoir d'animaux domestiques

Je ne veux pas
de chien : je suis comme
les Chinois, je ne joue pas
avec la nourriture.

Si je veux caresser
une boule de poils,
je n'ai qu'à arrêter
de m'épiler.

Je ne veux pas d'un
chien qui remue la queue
quand belle-maman
vient déjeuner !

Le meilleur ami
de l'homme n'est pas
le chien, mais le vin.

Avoir un chat, c'est avant
tout remplir un vide.
Une chatte
aussi d'ailleurs.

Excuses à la con pour recourir à la chirurgie esthétique

On ravale bien
les façades
des immeubles !

Je rêve de ressembler
à un des frères Bogdanof.

Je vis dans le XVIe
à Paris, je suis obligé
de me faire opérer
pour m'intégrer.

On vient de me dire
que je te ressemblais
beaucoup.

Je m'appelle
Franck Ribéry.

Excuses à la con pour se fâcher avec sa famille

On abat bien les arbres, alors pourquoi pas les arbres généalogiques ?

La famille est une prison, c'est pour cela qu'on parle de cellule familiale.

De toute façon, l'héritage sera minable.

Rien de tel pour éviter les interminables déjeuners dominicaux.

Excuses à la con pour se garer sur une place pour handicapés

On n'arrête pas
de me dire : « Mets-toi
à la place de ces
pauvres handicapés. »

Ma femme conduit
tellement mal qu'on peut
considérer ça comme
un vrai handicap.

Au golf, j'ai un
bon handicap.

J'ai donné
au Téléthon.

Excuses à la con pour ne jamais laisser de pourboire

Je n'ai que des billets
de cinq cents.

Je ne donne pas
de pourboire, je ne veux
pas que vous
deveniez alcoolique.

Je ne veux pas que
vous ayez l'impression
de faire la manche.

Excuses à la con pour croire en Dieu

Quelqu'un qui transforme l'eau en vin ne peut être que sympathique.

Quand les femmes couchent avec moi, elles hurlent toutes : « Oh, mon Dieu ! »

Je ne veux pas avoir l'air débile lorsque j'arriverai au paradis.

Sans Dieu, le dimanche ne serait pas chômé.

Excuses à la con pour ne pas utiliser de préservatif

Je suis immunisé contre le sida, je l'ai déjà eu une fois.

Je ne protège même pas mon iPhone.

Ma mère me forçait
à porter une cagoule
l'hiver, le préservatif
me rappelle trop ce
traumatisme d'enfance.

Impossible d'en trouver
à ma taille, même
en Afrique.

Excuses à la con pour ne pas aller chez le dentiste

J'ai déjà lu le Paris Match de février 1999.

Je déteste les fraises.

Je ne suis pas masochiste.

A-t-on réellement besoin de trente-deux dents ?

Excuses à la con pour interrompre une communication téléphonique

Ça va couper,
l'appartement passe
sous un tunnel.

J'ai beau avoir un forfait
illimité, ça me coûte
de te parler.

Je suis sûr que le gouvernement espionne notre communication, je te rappelle plus tard pour que ta recette de clafoutis ne soit pas copiée. Bisous, maman.

J'attends un appel
beaucoup plus important
que le vôtre.

Mon téléphone
se décharge encore
plus vite qu'un
éjaculateur précoce.

Excuses à la con pour rentrer ivre à la maison

Il y a de l'alcool
dans le whisky ?
Première nouvelle !

Mais, chérie, c'est pour
continuer à te trouver
belle que je bois.

C'était pour fêter le jour de l'An… si, c'est le jour de l'An sur Neptune.

Je bois pour oublier et après j'oublie pourquoi je bois.

Quand on y pense,
parler cinq minutes
avec toi équivaut
à 2,7 g d'alcool
dans le sang.

Excuses à la con pour ne pas payer ses factures

Chaque fois que je dois payer ma facture d'électricité, je pense à Claude François.

J'ai déjà payé le loyer le mois dernier.

Je ne vais pas payer mon
abonnement au câble,
je n'ai regardé que des
chaînes gratuites.

Si je ne paye pas,
ils finiront bien
par m'oublier.

Je ne vais pas payer pour l'eau, je ne bois que du vin !

Excuses à la con pour tricher à un examen

Non, ce n'est pas
du plagiat, c'est
un hommage !

Même sans aucune
déontologie, on peut
faire une belle carrière
en politique.

J'ai dû tricher, je n'ai pas les moyens de soudoyer l'examinateur.

Même à un examen d'urine, je triche.

Moi un tricheur ?
Tenez, voici 100 euros et on n'en parle plus.

Excuses à la con en cas de contrôle routier

Je roulais à 180 km/h
parce que je suis un
agent secret et que
j'essaie de déjouer un
attentat terroriste.

Je vous assure que
le feu était aussi orange
que le visage
de Jacques Séguéla !

Je n'ai aucune raison
de rouler vite !
Je vais dîner chez
ma belle-mère !

Si j'ai mon permis ?
Je ne m'en souviens pas,
c'était il y a tellement
longtemps !

Désolé, monsieur l'agent, je n'ai pas vu le feu rouge, j'étais en train d'envoyer un SMS sur mon téléphone.

Excuses à la con pour ne pas fêter la Saint-Valentin

Chérie, tu ne t'appelles
pas Valentin
que je sache ?

Je ne vais pas t'offrir
un livre, je ne suis pas sûr
que tu saches lire.

Pourquoi aller au restaurant quand il reste de la pizza au congélateur ?

C'est la fête des amoureux, pas des couples mariés !

Excuses à la con pour ne pas faire de travaux

Je suis sûr que
le papier peint orange
à carreaux va revenir
à la mode.

Au Moyen Âge,
on vivait très bien
sans toilettes.

Je m'occuperai
de la plomberie
quand tu t'occuperas
de mon tuyau.

Pour repeindre
le plafond, j'attends
que Michel-Ange
soit disponible.

Excuses à la con pour divorcer

Tu es encore si belle,
tu as tant d'hommes
à rendre heureux.

Je trouve que je gagne
trop bien ma vie, je tiens
à te payer une pension
alimentaire.

Deux couples sur trois
divorcent à Paris
et je ne veux pas faire
partie de la minorité.

Je suis sûr que si
tu étais moins laide,
tu me tromperais !

Excuses à la con pour ne pas aller à un mariage

Tu ne m'as prévenu qu'un an à l'avance, comment veux-tu que je m'organise ?

Je suis allergique aux dragées et aux bons sentiments.

La secte satanique
à laquelle j'appartiens
m'interdit d'entrer
dans une église.

Je ne peux pas venir
à ton mariage,
mais promis, j'irai
à ton prochain.

Excuses à la con pour continuer de fumer

Je suis un bon citoyen,
les taxes servent
à renflouer les caisses
de l'État.

Je ne veux pas
que mon buraliste
soit au chômage.

Lorsque je fume une
cigarette électronique,
j'ai l'impression
de sucer RoboCop !

Il n'y a qu'une route
qui mène aux poumons,
autant bien
la goudronner !

Excuses à la con pour faire la grasse matinée

J'ai lu que pour être
en bonne santé,
il fallait dormir au moins
seize heures.

Mon réveil n'a sonné
que trois fois avant
que je ne le débranche.

J'ai fait un micro-coma,
mais maintenant
ça va mieux.

Je faisais un rêve
érotique avec Nabilla,
je n'allais pas me réveiller
sans l'avoir fait jouir
quand même !

Excuses à la con pour ne pas suivre un régime

Je suis contre tous
les régimes :
le régime sans sel,
le régime Dukan,
le régime syrien…

J'arrêterai de manger
le jour où tu arrêteras
de parler.

J'ai croisé Guy Carlier,
il est plus gros que moi.

Je veux bien vivre
d'amour et d'eau fraîche,
mais en attendant,
je n'ai que le McDo et toi.

Excuses à la con pour tricher sur ses impôts

Je pensais pouvoir
mettre les membres
du gouvernement dans
les personnes à charge.

J'ai une hernie fiscale,
payer trop d'impôts
me fait très mal au cul.

Je suis né en Suisse,
dans la ville de Marseille.

Ma pratique
sexuelle préférée
est le *fisc fucking*.

Je ne vis plus en France,
mon appartement vient
de faire sécession.

Excuses à la con pour partir en vacances sans sa femme

Je ne veux pas être responsable de tes futurs coups de soleil.

Qui va faire le ménage à la maison si tu viens avec moi ?

Mais les vacances
avec toi, ce ne sont
pas vraiment
des vacances !

On n'accepte que
les célibataires
dans ce club.

Excuses à la con pour ne pas faire le ménage

J’adorerais faire
la vaisselle, mais tu
la fais tellement
mieux que moi.

Je suis comme
le chat, j’ai très peur
de l’aspirateur.

La poussière m'aide
à m'endormir : le soir,
je compte les moutons.

À quoi bon faire le lit le
matin si c'est pour
le défaire le soir !

Excuses à la con pour ne pas aider un ami à déménager

Je ne peux pas porter
de choses lourdes,
même ma femme.

Je ne peux pas venir :
c'est le lendemain
de mon détartrage
et tu sais que
c'est douloureux.

C’est un travail de fille, c’est pour cela qu’on les appelle des « femmes dé ménage ».

Laisse tes meubles dans ton ancien appartement et repars à zéro, c’est mieux.

Excuses à la con pour rompre

Même si on ne se connaît
que depuis un mois,
tu sais, j'ai beaucoup
changé.

Si l'amour est aveugle,
je crois, chérie,
que je viens
de retrouver la vue.

Les plus belles choses
ont une fin, et tu es
la plus belle chose
qui me soit arrivée.

Toi et moi, on n'a plus
rien en commun,
à part les transports.

Excuses à la con pour ne pas faire de sport

Dans poignée d'amour,
il y a le mot amour.

J'ai peur de devenir
trop musclé.

Je ne connais pas
les règles pour jouer
au footing.

J'ai trop peur de finir
par parler comme
Franck Ribéry.

Excuses à la con pour ne pas faire les courses

J'ai peur de me perdre
dans les allées
du supermarché.

Chérie, je ne voudrais
pas te priver de ta seule
sortie de la semaine.

Je ne pousse
un caddie que lorsque
je joue au golf.

Je suis contre la société
de consommation !
Il reste des bières
au frigo ?

Excuses à la con pour regarder un film X

Chérie, c'est juste pour apprendre de nouvelles techniques !

Je pensais que c'était un documentaire sur la vie d'un plombier naturiste.

J'attends la fin pour
voir si les deux acteurs
se marient.

Ce n'est pas un porno
mais un film « d'art
et des seins ».

Excuses à la con pour ne pas faire de cadeaux à Noël

Je ne veux pas prendre
le risque de t'offrir
un produit fabriqué par
un enfant chinois.

C'est une fête
trop commerciale.

Tu as toujours dit que
j'avais très mauvais goût
pour les cadeaux.

C'est le travail
du Père Noël !

Excuses à la con pour ne pas emménager avec sa copine

J'ai peur que tu sois
gênée par la présence
de mes autres maîtresses.

Vivre à deux dans
100 mètres carrés est
humainement impossible.

Il n'y aura jamais assez
de place dans la salle
de bain pour deux
brosses à dents.

Dans concubinage,
il y a con.

Excuses à la con pour ne pas se laver

Prendre une douche
pollue beaucoup trop
les rivières.

Il n'y avait pas de salle
de bain au château
de Versailles.

Je suis comme le chat,
il faut me lécher
pour me laver.

Pourquoi prendre une
douche alors que je
me couche dans moins
de vingt heures !

Excuses à la con pour faire une sieste au bureau

Si je ne fais pas une
sieste au travail, je serai
fatigué pour ma soirée
en discothèque.

Non, je ne dors pas,
je fais une réunion avec
mon subconscient.

Les députés dorment
aussi à l'Assemblée.

Excuses à la con pour ne pas manger bio

Les pesticides donnent bon goût aux légumes.

Hitler était végétarien.

De toute façon, ma femme cuisine tellement mal que tout est mauvais.

Excuses à la con pour glander tout le week-end

Je ne veux pas rater
Michel Drucker.

Même Dieu n'a rien fait
le dimanche.

Mon canapé m'a pris
en otage.